사위질빵 꽃

사위질빵 꽃

전은남 시집

나무향

첫눈이

2025년 6월

마음 깊이 간직한 인사를 올립니다.
도움을 주신 마음을 돌려드리고파
가족과 친구, 동료 지인들과
작은 이야기를 즐기를 바라며,
함이 대가족으로서
질긴 만족스러운 것 같지 않은

그래그때 기록된 글들을 모았습니다.
그냥 흘러버리기 아쉬워,
그리고 살아가면서 순간들을
수많은 일들과 사건,
그리고 작은 일들을 정리해 마주했던

기일이 많아졌습니다.
이제 세상을 자유롭게 누릴
은혜 기다리며 길을 가나

■ 지인의 말

차례

시인의 말 4

제1부 오월의 동창

봄 풍신 · 12
봄 꽃 · 13
물 끄림 · 14
붉은 베이스 · 15
오월의 동창 · 16
비 오는 밤 · 18
만상의 어울 · 19
살구三代 · 20
딸기 · 22
가을 운장鶴藏 · 23
조가울 틈날 · 24
가을 산마루 · 26
가을 추장 · 28
가을동의 파이동림 · 30
치자장이 야침곡 · 32
속 엄일 종 · 33
성중에 醉中梅 · 34

제2부 사이길병해 꽃

피기운 상흔 · 36
자귀나무 · 38
콩쥐 · 39
HMC 그곳 · 42
그리 멀지 않은 배낭 · 44
사이길뼈 꽃 · 46
맑은 종탑 · 47
달챙이 · 48
타집게 상형제 · 50
아침 결라들 · 52
매미 소이경 · 53
모자 · 54
개숯 · 56
은둔할 달리기 · 58
암달 · 60
왕장 · 62
폐비 이양 · 63

제3부 노후자 통일몽

간강 점진 · 68
안구 접조증 · 71
흥개 · 72
이명 耳鳴 · 74
계절 換節 · 76
칠십년 비매중 · 78
아내 생장약 · 79
오십견 五十肩 · 82
보호자 동일증 · 84
대기실 · 87
지게 말기기신다 · 89
소탕 바자회 곤리 · 90
밍딘 瞑母님 장롱 · 92
조문학 弔問사 · 93
고교동창생모임 · 96
순들기 喊말 · 98
축시 · 100

제4부 어떤 최후

보리굴비 · 104
도계장屠鷄場 · 106
주선酒仙 · 109
어떤 최후 · 110
소화기消火器 · 112
쇠갈퀴 · 114
종이컵 · 116
주민 번호 · 118
가위 · 120
죄 없는 밥솥 · 122
타이어 · 124
대형 선풍기 · 126
눈옷雪衣 · 128
톱날 130
고추 꼭대기 · 132
병瓶 · 134
홍시紅枾 · 135

1부

오월의 출항

봄 출산

동지섣달 긴긴 밤
눈보라와 눈 맞아
잉태한 겨울

만삭의 설산雪山
내리는 눈 감당 못해
칼바람의 제왕절개로
태어난 봄

때리지도 않은 볼기에
살랑 바람으로
앵앵거리면

개나리 민들레로
쳐지는 삼칠일의
금줄

봄꽃

알싸한 동백은
드러난 4월의 가슴

벚꽃 맞는 임 그리며
드리는 춘삼월의 인사

노란색 향기에 입 맞춘
잊혀진 약속

주린 하늘의
허기를 메우는 목련

황홀한 라일락 미소에
무너진 자존심

우산 아래
바람 타고 내리는 꽃비

봄 두렁

멀리 겨울 소천小天

군데군데 흰 소복
눈물의 두렁

구부정한 날씨 태우던
삼우제 끝 날

연기 쫓아
나는 갈가마귀

봄은 베이스

봄은
게으른 콘트라베이스

몰아치는
한겨울 눈보라
바이올린 눈치에도

졸린 눈 껌벅거리고

어쩔 줄 모르는
맘 약한 비올라
땀 뻘뻘에도

나 몰라라 여유 둥둥

오월의 출항

오월은
빙글빙글 짙어가는
다섯 살 꼬마 아가씨의 주름치마

떨어지는 폭포 빼곤
모두가 물오르는 달

여우의 신포도 익어가며
가난한 꿈으로 감은 머리
촉촉하게 반짝이는 계절

주름진 고목마저 푸른 꿈을 마시는
깊은 산 속 가지들
이두 삼두근의 팽팽함을 견주고

새벽을 출항하는 뱃머리에
어둠을 짓던 안개는 깜짝
밤새 흥청이던 파도는 잔잔

아무리 울어도
낙엽 한 장 지지 않는
신록의 푸른 고요에

목청만 돋우는 고동鼓動

비 맞는 벗
  - 雨中 벗

차라리 회초릴 맞지

퍼렇게 멍든 종아리
부끄러워
제대로 지지도 못해

청초롬 다하는 날

먹감고도
우중충 더하기에
고개 들지 못하고

소리 없는 벗의 살신殺身에
고개 돌리던 산과 들
향기와 꽃으로
조문弔文을 대신하면

부의賻儀마저 못한
하늘
쥐 죽은 듯
숨죽인다

만삭의 여름

연지곤지 봄 처녀
신혼의 단꿈만 꾸었네

솟아나는 청록에
신이 난 햇볕 산하를 쪼리면

만삭의 여름
산달은 아직 먼데
숨 가빠 헉헉거리고

청정 하늘
산파産婆는 바람
옥동자 가실을 낳다

삼복 三伏

헉~헉~
숨쉬기조차 힘든 노옴들
천길 폭포수 앞에선
못 견뎌 드러낸 배
겨우
식은땀만 줄줄

스삭거리는 대나무 숲 속
행여
불타는 염천炎天 짜불어 들어
무색해지는 여름
안타까우려나

하늘만큼 땅만큼
큰 덩치
초복 중복 말복 삼 형제
손바닥만 한 부채에
급소를 잡혀

꼼짝을 못하고

시달린 끝
여름 조상弔喪에는
눈물 한 방울 없구나

모기

그래
너만큼 책과 친한 친구
찾기도 어려워

한여름 밤
호롱불 초가
청렴의 선비를 시험타가
곧잘 맞이하는
피 터지는 참담

빈부貧富 가리지 않고
귀천貴賤 상관없이
미추美醜 저 멀리

꿈 많은 인격을
시험하기도 하는
작은 효성

겨울 운장雲長

억새풀 따라 불던
가을바람
추위에 지쳐 쓰러져

온 산의 나뭇잎
갉아먹고
가지에 잠든 살진 눈꽃누에

살금살금 반기던
마른 가지
밤새운 간지럼에 킥킥킥

산마루 따뜻하다던
함박눈
봄 내음과 야반도주

초겨울 들녘

초겨울
들녘 사이 끼인 흔적
태양과 뜨거운 열애 끝
한여름을 잉태한 쌀알

밤으로는
달거리로 들렀다 가는
웃음 띤 둥근달
기대 반 낙담 반의 반달
뾰로통한 눈썹달과의
밀애로

불러오는 배를 이기지 못해
허리를 숙이면
옥동자 낟알
자라고 자라 산이 되고

둥글 바퀴
남은 태의 흔적들 모여 모여

이곳저곳
논 들녘이 낳은
볏짚말이 하얀 바퀴 알 사일로silo

겨울 산마루

차표 한 장 끊지 않고
온 산을 눌러 탄
함박눈
염치도 좋아

성탄일의 충만마저 가로채
수북이 쌓이고

한 해의
안타까운 마음을 아는 듯 모르는 듯
더디더디
흐르는 물소리

가지에 걸린 시린 사연들
무거워
끙끙거리는 초목

미처 이루지 못한
작은 소망들을
축복하며
조심스레 찍힌 발자국

행여
지워질까 해어질까
헛기침마저 저어하는
산마루 할아범

겨울 추상

삼십 촉 백열등
옹기종기 방 안에
널리 펴진 하이얀 달력

충분히 늘어진
머리카락 챔빗질에
떨어지는 밤의 티끌들
꼼지락거리면

깨 튀기듯
손톱 아래 무심함을 터트리며
톡 톡
한밤을 마감하던 할매

황소바람
입 맞추던 문창살
밖
터지는 환희를 조상弔喪하던

한겨울 밤
눈 나리던 소리

겨울날의 바이올린

그저 빈 통에서 울리던
빈 소리

어느 겨울 가지에 걸린
달빛
귀 빠지던 날

악보 가득
깔깔대는 콩나물
현弦 위를 달리는
비바체
말발굽 눈보라

아장아장
아다지오 품에 안고
다독이면
칭얼대던 눈꺼풀
스르르

어딜 어찌 울리는지
알 수 없는 섭리에
가난해진 마음

지각장이 아침눈

새해아침 어쩌나
지각장이 하얀눈
미련여운 많아서
별님달님 잠든새
살금살금 쌓였네

쥐죽은듯 조용히
몰래오긴 했지만
잘못한건 알아서
햇님선생 비추자
잽싸게도 줄행랑

눈 덮인 숯

숯처럼
뜨거워 보았을 리 없는
흰 눈

눈처럼
차가워 보았을 리 없는
검은 숯

긴긴 세월 서로 미워만 하더니

오늘
어찌 하나로 엉기어

이리
나를 부끄럽게 하나

설중매 雪中梅

흰 눈이 피운 빨간 꽃
불꽃보다 뜨거워

빨개진 꽃이 피운 하얀 눈
순수보다 하얘

부끄럼에
모른 척
솜이불 둘러쓴 겨울

무엇을
어찌 피울지 몰라
꽃잎 뒤로 숨어버린 봄

2부

사위질빵 꽃

뜨거운 유혹

식어버린 가슴이야
어이할 수 있을까만
그래도
날 선 겨울을 견디어 내기엔
이만한 것 없고

뜨끈한 온돌 아랫목만큼은 아니더라도
눈보라 쌩쌩
얼음 꽁꽁 카랑카랑한 날씨
두터운 작업복 바람에
길거리 사람들 여럿 모여들어
수선떨기엔 더할 나위 없으니

용감무쌍 간밤의 숙취 해결사
모락모락
한 잔도 마실 수 있다

하지만
아무리 시려도
손댈 순 없는
그저 가까운 사이만 허락하는
뜨거운 유혹
너

난로

자작나무
　-튤립 은사시나무

추운 겨울을 담아
갈색을 거부하는 은색 껍질

속삭이는 열락悅樂
검을 줄 몰라
맺힌 사연 그리 깊을까

기다림의 가지
굽을 줄 몰라
뒤틀린 강직 저리 선명해

자작자작
제 이름을 부르며
타들어가는 슬픈 나무

굴뚝

서 있기로 하면
견줄만 한 고집 있으랴만
너 같은 마음이야
하늘을 덮고도 남아

외로움 견디기로 치자면
널 당할 자 뉘 있을까

눈보라 휘날리는 어두운 밤
쓸쓸하다 적적하다
군소리 없이
쌓였던 설움
말없이 하늘 높이 날리고

작열 여름 성난 태양에
조롱하듯
뜨거운 열기 속을 질러
애꿎은 대지大地만

이글거리게
만들고

발바닥 가시쯤이야
수이 뽑아버릴 수도 있건만
우두커니
뿜어져 나오는 연기
무서워
말 한마디 제대로
못하고

멀리 달리는 추상에
언제까지라도 기다릴 거라는
사연 깊은 껌벅임

속 타는 가슴
보란 듯
따라 흐르는 석별에

우뚝한 침묵

너 굴뚝

HMC* 그곳

눈 감으면 떠오르는
아리한 친구가
땀 흘리고 있는
가깝고도 먼
그곳

그 때 그 웃음 속
기름때 묻은
얼굴이 부끄럽지 않던
그곳

빨간 장미 가득
거기 트럭동 주행 테스트장
유월은
피어나는 꽃잎에 묻혀
없는 듯 지나가던
그곳

뚜껑 없이 내달리는
새시 차량으로
꽃 향기
그리움 되어 날리던
그곳

*현대자동차

그리 밉지 않은 배신

별도 달도 서리지 않은
작은 분화에
산과 들이 씩씩거린다

아무리 식어도 정직하리라는
차가운 기대 속
잠긴 허기 떠올라
눈과 입을 즐겁게 하고

한때는
저 멀리 대륙을 건너
가난과 주림을 구했던 투박한 손님
감자

이젠 배부를 점심의
얼굴마담으로
시간을 구하진 못할망정
고픈 믿음을 저버리랴

가난한 암벽의 사이사이
숨어 있는 살진 맛으로 시간을 채우면
겨우 고개를 내미는
그리 밉지 않은 배신

감자탕

사위질빵 꽃*

사위 사랑 장모
가벼운 짐 지우고자
약한 줄기
가냘픈 꽃으로 피어

나쁜 병 쫓추어
건넛마을 사거리
약방 하는 우리 막내 사위
웃음을 닮은 꽃

*사위질빵 꽃: 꽃잎이 4장이다. 사위 힘 안 들게 잘 끊기는 빵짐을 메는 줄을 만든다고 사위질빵이며 지방에 따라 질빵풀 이라고도 한다.

낡은 종탑

야트막한 언덕 위
낡은 추억
철 따라 흔들리는 비바람에
울어 핀 지 반백년

꿈속 연민으로
같이 울던 새벽녘
종소리 맞추어 피어나던 청춘

꿈 많은 소녀의 가슴을
무던히도
도근거리게 하였건만

녹슨 종소리
오늘은
이울진 추억의
이마에서 울린다

담쟁이

기대지 않고는
볼 수 없는 불굴의 의지

날름거리는 욕망은
뒤꿈치를 물어도 보지만
결코 무뚝뚝한 고집을
떠나지 못하는 푸르름

오늘도
틈 많은 생채기 숲에 빠져
꿈틀거리는
하늘로만 향하는
오만의 재롱꾼

높으면 높을수록
오르는 마음 커지건만
겸손은 항시 눈을 뜨고
작아지라 하니

욕쟁이 겁쟁이 떼쟁이
많은 쟁이 친구들 모두
이러저러 잘도 얽히고설키건만

담 없이는
그리움도 모르는 넌
모자란 순수

티걸레 삼형제

민 담벼락 기대어
나란히 물구나무 선 닮은꼴 삼형제

어제는 어디를 얼마나 괴롭혔을까
숱 많은 머리 질척이며
밀고 당기고 먼지 쌓인 세월

만만한 둘째
지꺼분한 소문의 물청소 도맡아
깔끔을 떨어 미끈 반짝
다급한 흙 발자국 오갈 데 없고

때 묻지 않은
우리 신참 막내 복도 담당
스치고 지나가버린 생로병사를 지우면

쓴맛 단맛 다 본 맏이
헤어지고 늘어진 사연의 가닥
어째 날이 갈수록 검어져만 간다

사이좋게 매달린 저녁
하루를 군시렁거리면
밤사이 저도 몰래 물이 빠지고

기지개 켠 햇살
가닥 가닥을 조리면
짱짱해진 새날의 꼬독꼬독 삼형제

아침 컵라면

고부라진 꿈 개켜진 아침

뜨거운 물고문으로
고분해지면
밤사이 쏟아지던
불평 사연들
풀어지고 헤쳐져

미소 띤 손가락으로 휘젓는
단식 모르는 젓가락
가닥가닥
후회도 걱정도 저어버린다

짧은 마음에 얽히고설킨 젊음
보글보글 끓이지 않아도
후루룩 위안이 되고
새로운 시작의 하루가 된다

메리야스 공장

퀴퀴한 냄새의 보호 아래
거무튀튀 먼지 쌓인 창고

지금은 쪼그라든 메리야스 양말 속옷

화려했을 빈 껍질 건물로 서 있는
퇴락의 상징 속
번데기는 화려한 나비 되어
태양아래 퍼덕이고

이제 찾는 아이 없어
덩그러한 을씨년의 빈 젖퉁이
누군가의 빨고 자란 흔적이기에
한때는
깃발 휘날리던 어머니이었기에

결코 내버려 둘 수 없는
섬유공장 거미줄

모자

절대 부족의 가림

신들린 멋
조금의 위선과 장식이 될지언정
본래의 모습 잃기야 할까

세월 앞 고개 들기 어려워
너로 위로를 찾지만
오히려 가려지는 건 순수

저 멀리 구부러진 낭만
흘깃 훔쳐보는 눈빛의 어색함
사알짝 숨겨지는 여유로움

수이 꺾이지 않는 자존의 콧마루
네게 담기엔 너무 곧아
넓고 긴 챙에 숨겨도 보건만

여유만만의 체면으로도
무심한 얼굴
아무래도 숨기기 어려운데
하물며 부끄러운 마음이야

흐르는 눈물 가리기는
너무 어려워
아예
하늘을 뒤집어쓴다.

새우

지팡이도 없이
굽은
허리 하나로
태연자약
헛기침 몇 번에
어르신 대접은 톡톡히 받고

새파랗게 젊은 것이
그럴싸한 수염으로
분위기는 다 잡아
제 발 저린 세상
이리 굽신 저리 굽실

어찌어찌 부모 잘 만나
약관에
출세가도 내달리니
뻣뻣한 목
숙일 줄 모르고

헐벗은 친구들
가난에
뻘뻘 땀 흘릴 때
번득번득 투구 쓰고 상전 노릇
방방 뛰니
위도 없고 아래도 모르는
천하에 건방진
것

운동화 말리기

운동화를 빨았다

항상 발밑에서 홀대받던 무심함이
오늘 아침
해 맑은 창공을 향해 불룩하다

오랜만의 깔끔한 휴식을 반기며
신이 난 짝
내 쉽게 마를 순 없지 뻗대며
해를 향해 돋운 쌍심지

헐떡이는 누렁이 침 흘리듯
축축한 미련을 떨구며
누가 이기는지 해보자며
팔뚝을 걷어붙인다

하지만
끈 딸린 놈은 아무래도 매달릴 팔자

까마득한 유혹이 저 아래서 손짓하자
금세 이슬처럼 고고한 척 자리를 지키고
사뭇 탄탄히 매달린 자존심에
그리 쉽게 길을 잃을까

못 말리는 짱구 계란으로 바위 치듯
구름에 가려진 하늘을 비웃지만
콧방귀도 뀌지 않는 해님에 몇 번 앙알거리더니
결과는 참담
반나절도 못되어 뼈만 앙상해진다

양말

단단하게 감싸는 각질의 반짝임마저도
너를 어찌진 못해
부끄럼에 고개 숙이고
올망졸망한 솟은 다섯 개의 나신을
감싸는 품위의 망토

불쾌한 냄새와 모양새로
더운 날
많은 이들이 찡그리고 피할 때
의협심의 너
기꺼이 바닥이 되어
살을 맞댄 한 몸이 되었지

낮은 곳에서 침묵으로 밟히며
서럽고 어려운 때
가녀린 몸으로나마
감싸고 위로하였건만

낡고 닳아 해지면
한번
망설임 없이
새롭고 고운 짝을 찾는
무정한 사랑을
축복하는
이해하기 힘든 자존심

쌈장

누가 들으면 그럴싸한 장수

어쩌다 한 번씩 보여주는
공포스러운 분위기에 일찌감치
꼬리를 내리지만

고소한 깻잎공주의 콧대 세워가며
매서운 고추 장수 달래고
눈물겨운 양파 전사도 잘 추스르는

누구보다
상추부대의 비위 잘 맞추어
이리저리 퍼주기 좋아하는

알고 보면
천하에 둘도 없는 맛둥이

폐위 여왕

비록
해지고 주름은 졌을망정
서린 오만의 그림자
앙칼지다

곱고 푸를 적
따르고 칭송하던 소리
공경의 눈빛
부드럽고 부시던 자태에
깨끗한 순결이 아니면

감히 범접치 못하던 손길

용맹의
창칼 휘두르던 장수
좀처럼
고개 숙일 줄 모르던 현인
천하를

호령하던 왕좌의 주인마저

그녀 앞에선
한낱
지치고 피로한 아이였을 뿐

공평무사한 세월의 내림을
피해 갈 수 없어

해맑은 날
소리 없이
치러진 폐위식廢位式

새로울 것도
안타까울 것도
서글플 것도

남김없이

그저 갈 곳 모르는 곳으로
그렇게
둘둘 말리고 묶이어
버려진
침대 위의 여왕

'매트리스'

3부
보호자 출입증

건강 검진

청명한 가을 아침
코끝을 간지르는 커피 향
지루하고 식상할 하루
시작치곤 화려한 무대

교묘한 시작에 포진한 접수의 사자
그리 크지 않은 입으로
포식의 식단을 차리면

질끈 머리 동여맨 마담 퀴리
수직의 치아들이 이루는 계곡과 능선에 올라
반듯 재 켜진 냅킨
나이프와 포크를 재깍거리고

못 볼 꼴 많이 보아
좋아질 줄 모르는 시력
덩달아 신이 난 혈압
오르기만 하고

자신만만 날씬둥이 허리
복부비만 옆에서 웃고

팔뚝의 혈관
제 아무리 꽁꽁 숨어도
귀신 곡哭하게 찾아내
결국 채우는 한 대롱의 검사혈

구석진 한켠
항상 받는 냉대에도
언제나 빙그르 소변 컵

이젠 내 차례 두근두근 심전도
하늘이 누렇게 가쁜 숨 몰아쉬는 폐기능 검사

착하고 여린 가슴
파란 많은 심장
콜록이는 기관지

툴툴대며 겨우 찾아내는
어려운 엑스레이 사진

헐떡이는 삶의 원동력
간담췌 肝膽膵
복부 초음파의 진한 맞춤으로
무사한지 둘러보고

가지가지
복잡 미묘한 검사들 때를 기다린다

안구 건조증

속절없이 흐르는 세파에
뻑뻑 마른 눈이
슬퍼 눈물 흘린다

그리 흐른들 파도야 치련만
바다만큼 서러운 건
어쩔 수가 없구나

쓸개

싸움 한 번 없이 갈라진
분단선 아래
무덤덤한 간덩이
밑에 달린

덩그러한 암적의
호박덩이
깊숙이
애기주먹자루

팔등신의 미녀는 못 될지라도
내 빠지면
하릴없이 지조를 잃어
싱거운 사람이 되어버리니
억울도 하련만

오늘도
인심 좋게 삼시 세 때 맞추어

척척
쌈짓돈 내어주며
할 일을 다 한다

머리는 없어
아애 희로애락을 몰라
목 몸통 그리고 바닥이라
그때그때
영락없이 비워지는
무덤덤한 창고

깊은 정 쌓이고 쌓여
돌덩이라도 생겨
지분거림 심할라치면
싹뚝 떼어버려도
큰 탈 없는

가난한 복 주머니

이명 耳鳴

소리 없이 슬픔 없이
귀가 운다
눈물 한 방울 흘리지 않고

악어의 눈물마냥
거짓의 귀가 된다

언제부턴가
조금 더 조금 더
다가서는 귀
기울어지는 머리

점점
불러도 대답 없는
답답함에
고개를 내젓고

귀는 항시

소리 속에 있기에
그것이 상처인 줄 몰랐고

귀는 항시
울림 속에 있기에
그것이 울음인 줄 몰랐다

이제
소리에 지친 귀가
사연 없는 소식을 보낸다

이명
침묵 속에 귀가 운다

채혈 採血

무너질 듯 가녀린 팔목
아래
숨어 피는
가지 긴 검푸른 꽃
부끄럼 더하는 날

바래진 얼굴 감추려
꼭꼭 숨어보지만

머리카락 보이기에
날름거리며 달려드는
주삿바늘
피하긴 힘들어
두세 통 암적색 꽃술을
빨리고서야

득의만만
호랑나비

쩍쩍 입맛을 다시는
이른 아침
찡그린
꽃의 축제

전립선 비대증

극심한 성차별에도 불구하고
안으로만 안으로만 잦아들고
무차별의 괄시에도 군말 없이 잠잠하다
깔깔거리는 청춘 무색하게
기어들 듯 졸랑거리는 반백의 장고
뉘라서 멀리 있다 하리요

어머니 심장약

얼핏
들어도 본 것 같은
대학병원 심장내과
교수님 이름

아래로

낯선 이름의 강심제
내 어린 날
속 좀 엔간치 끓였으면
그래
걱정 조금 덜 하셨다면
없어도 좋을 한 알

가난의 살림
조금 덜 옥죄어
이마의 주름
잡히지 않으셨던들

빠졌을지도 모를
혈관 확장제 반 알

쌓이고 얽혀 눌은 원망
녹여 낼
소량의 아스피린
웬 만큼 먹어서는 턱도 없어
장기복용이
필수라는

때 없이 두근대는 심장
막무가내의 혈압
쥐어짜는 가슴의 통증과
공포의 식은땀을
잡아준다는
협심증 약 한 알

그리고

팍팍한 세상살이
사려주마며
자꾸만 구석으로 숨는
이상야릇한 알약
하나
추가로

하루 한 번
아침 식후 삼십 분 복용
두 달치

한숨 가득 심장약
한 움큼이

니
"어머님께 잘 해 드리라"며
반투명의 봉지 안에서
빙글거린다

오십견五十肩

쓰르라미 어깨 슬겅슬겅
무거운 건 책임지지 말라는
경고

절제된 침묵으로
내 사랑 깊었다며
아프게 패어진 주름 골

세상사 견디기 버거웠다며
뒤뚱이는 움직임으로
허덕이는 언덕

야트막한 가슴살엔
보여주기 싫은

조용한 밤의 눈물
대신 맺힌 땀방울

늘어지고 가늘어져
안아줄 순 있어도
들어주긴 힘들다는
넋두리

보호자 출입증

대게는
슬프고 급박한 가슴에 매달리기에
별다른 위력은 없지만
무시하기 힘든 명찰

통제되어 함부로 출입할 수 없는
아니 누가 무어라 하여도
별로 가보고 싶지 않은 곳
연분에 걸린 애달픈 마음을
잡아매는 구속으로
애절한 이에게나 겨우 허락되는
응급실 보호자 출입증

생사의 급박함을 아는지 모르는지
울거나 웃는 얼굴에 아랑곳 하지 않고
이리저리 널을 뛴다

어제는 미소 띤 아빠의 목덜미에

오늘은 흐느끼는 딸의 가슴에
무심이 대롱거리다
혹 한가하면 주머니 속에 구겨지는 무관심
내일은
또 누구의 가슴에 어떻게 걸리게 될까

그래도
넌 나보다는 낫다고
항변하는
중환자실 보호자 출입증은
차마 제대로 매어달릴 틈도 없다

아마 슬픈 비명 너 만큼
들었을 이 찾기 어렵고
소금보다 짠 눈물에
너 만큼 젖어 보았을 이 없으리라

몇 해 전 소천召天하신 아버님

불편한 곳 없으신지
민머리로 치료받으시다
홀연히 떠나신 장모님
머리 많이 자라셨는지
가물가물 기억 속의 어르신 안녕하신지
기 막히는 이유로
먼저 가 있는 친구들 잘 있는지

누가
내 가슴에
하늘나라 보호자 출입증
하나쯤
달아주었음 한다

대기실

아직은 무언가 할 수 있는
방법이 남아 있다는
초조한 위안

예상의 시간보다
빨라도, 늦어도 불안만 더하는
제 시간 근처에서나 만나야
겨우 한시름 더는

정작 본인은 무엇도 모르고 누워만 있고
힘들고 초조함에
식은땀을 흘리는 이들은
가족, 연인 혹은 친구라는
집게에 물려
옴짝달싹 못하는 약자 아닌 약자들

과거의 회상
현재의 고난

미래의 회복
삼박자가 잘 어울려야하는
긴장과 초조의 기다림이
온통 모여
침묵으로 불꽃이 튀는 곳

수술 대기실

저께 맡기라신다
- ㅅㅅㅁ 목사님을 기억하면서

사랑만 주시지
미움도 같이 주셔 놓곤
미워하진 말고
사랑만 하라신다

그러고는
어찌할 줄 몰라 쩔쩔매는 모습에
싱겁게
저께 맡기라신다

사랑과 기도 그리고 기뻐함은
나의 일
용서와 심판은 이미 나를 떠났고

내 할 수 있는 초라한 미움마저
축복으로 바뀔 때
저미는 평화의 미소

주말 바자회 준비

천지창조가 아니었기에

알 수 없는 뜻을 보이시려
아침 일찍부터
어려운 봄비를 나려 주시니

텅
빈 앞마당
새순이 돋듯
그렇게 척척 철봉을 세우셨다

잿빛 궁창을 가르고
장중한 천막을 깁어
백색의 하늘을 두르시니

그러고는
감싸 안아 함께할 수 있는
소통의 벽을 둘레둘레 치셨다

쓰신 것은 단지
빗방울과 땀방울 뿐

빙모聘母님 상喪

하늘 무너지는 것
무서운 줄만 알다
땅 꺼지는 슬픔을 오늘에야 알았습니다

눈 뜨면 눈앞에서
눈 감으면 집, 시장, 엘리베이터, 공원, 놀이터
……
어른거리는 인내忍耐와 자존自尊,
그리고 꼿꼿한 미소微笑 떠올라
가슴이 아립니다

아, 그때 좀 더 잘 해드릴 걸
아, 그 말은 하지 말았어야 했는데
아, 그때는 얼마나 힘들고 아프셨을까
아, 이렇게 가시다니

코끝이 쌔하고
눈물이 핑 돕니다

조문 弔文
  - 이 ㅂㅁ 원장님을 기억하며

깡마르신 체구
한 점 군더더기 없이
그냥 욕심 없이 말없이 계시던 님

수개월 전 편치 않으시단
소식을 들을 때만 하여도
수이 생각하고 시간이 좀 지나면……
요즘 세상이 어떤 세상인데 하며
하릴없이
그저 그러려니 하였더이다

아뿔싸!
아침부터 꾸무럭하던 날씨
비를 뿌리는 것이
님의 소천 召天을 애달파하는
하늘의 눈물임을
소인배 어찌 상상이나 하였겠나이까

이제 떠나가신 빈자리 더욱 커져
감히 채울 수 없는 부덕不德 후인들
님을 닮기가 더욱 까마득하여
기운이 빠지고 처량해지나이다

하지만 님이 원하는 것이
그렇지 아니함을 알기에
큰 슬픔 뒤로하고
앞으로 나아가고자
마음을 다잡습니다

원장님
먼저 가 계신 그곳에서도
책 열심히 보시고
가끔씩은
보기 힘들던 웃음도
소리 내어 들려주십시오

한세상 후회 없었다고
나의 삶 쏠쏠했다하시며
미소 지으실 님을 그리며
고개 숙입니다

삼가 명복을 비오니
편히 잠드소서

후배자 계상稽顙

노교수 老教授

세월의 공평무사를 증명이라도 하듯
쩌렁하던 명성
무색無色하게
백발과 주름이 자리를 틀었다

주머니 속 송곳마냥
감추기 힘들던 총명함은
어디론가 숨어버리고

당당하던 발걸음
고부라져 종종거리니
유창하던 강의講義
길을 잃고 헤매기 일쑤다

하지만
그 막강한 세월도
어쩌지 못하는 것이 있어
고개 숙인다

쌓으신 품品과 격格이다

저 튼 자리
사이사이 숨어 있는
베풂과 희생 있어
빛바랜 고집 통通하고
흐트러진 미소가 아름답다

주름과 백발

탄력 피부 자랑할 땐 겁나는 것 없다가
세월 앞에 장사 없는 줄 겨우 알아
살금살금 오는 주름
그리 조심했건만
환한 봄날 아침
앞이마 가득하고

총명한 머리 믿고 게으름
두려울 것 없기에 내일 내일 하였다가
대낮같이 밝던 기억
깜박깜박 촛불 건망 되더니

자르르 흑단머리 꼬부랑 할미 위협에
칠흑 같은 밤하늘로 물들이니
희끗희끗 별똥 새치
조용하던 은하수 같이 들고

넘쳐나는 이팔청춘 뒹굴뒹굴하다가

구부정한 마음에 가는 세월 꽁꽁 묶어
어두운 광에 가둬두고 옴짝달싹 믿었더니
빈집인 줄 어이 알고
쥐도 새도 모르게 문틈으로 새어 나가
꼬리만 남겼네

추석

내 비록

날씬 모델의
몸매 아닐지라도
스카이 영재의
머리 못될지라도

비까번쩍
리무진 굴리지 못할지라도
기천 기억의
아방궁 없을지라도

후회는 없다

열심히 살았기에
땀 충분히 흘렸기에
긴 밤
그리 간절하였기에

오늘
헐떡이는 미련 걷어차 버리고
저 둥근 달 조무락거려

낯 좋은 송편 빚으리

4부

어떤 최후

보리굴비

망망대해
주름잡던
반짝 번득 은빛 갑옷

기침도
없는 아침
파도치는 그물에 휘말려

까칠한
소금에 절이고

꺼칠한
통보리에 뒹굴리어

어느
화평의 가정
식탁 위에 뉘인
익투스ΙΧΘΥΣ

ΙΧΘΥΣ

* 그리스어 **ΙΧΘΥΣ**는 '물고기'라는 뜻이다.
 흔히 '익투스'라는 발음으로 잘 알려져 있다. 초기 기독교 신자들이 비밀스럽게 사용했다고 전해지는 기독교의 상징으로 두 개의 곡선을 겹쳐 만든 물고기 모양으로 나타낸다.

도계장 屠鷄場

제 뿌리를 찾는 민들레 홀씨 마냥
떠다니는 깃털 속

찰칵찰칵 흐르는 무심한
샤크릴*
위로
울려 퍼지는 푸른빛 전주前奏
어리장속
판결 없이 사형死刑이 구형된 닭들이
쏟아지고
마리마리 불 꺼진 연등이
무궁동無窮動 쇠고리에
거꾸로 매달려 간다

즐거운 입맛을 위하여
기분 좋게 흘러야만 하기에
실신기 속 전기電氣에 취해
부드럽게 잘리는 양측 경동맥頸動脈

깔끔한 맛의 승부를 위하여
적선하듯 치루는 수분數分의 방혈放血

기다렸다는 듯
행해지는 뜨거운 씻김으로
불려시고
세상에 대한 미련도
없었으려니와
그나마 있던 털깃의 답답함마저
먼지를 털어내듯 그렇게
털고 나면

한때는 너를 너답게 하였던
대가리와 목은 당기어져 빠지고
주인 잃은 발목은 따로이
떨구어져
제 갈 길을 찾는다

동그란 엄지손가락 크기
길이와 깊이의 칼 가름 속
수저질과 진공으로
비워지는 내장은 대속代贖의 시작

서늘한 소독을 원하는
냉각기를 지나
무게별로 나뉘어져
포장包裝되면

다 이루고 간 닭

*가위칼날

주선 酒仙

 달빛 둥근 날
울리는 팔자걸음 종소리

달빛을 팔아 한 잔 술
종소리 걸고 술 한 잔

술은 내가 마시는데
취하는 건 달님

두어라 어이할꼬
독이 비었구나

달님은 중천인데

어떤 최후

대개는 짓이겨져 맞는 참혹

시름겨운 삶을
같이한 대가치곤 너무 가혹하기에
무슨 큰 죄를
그리 몹쓸 짓을 한 것일까

만인의 지탄 속에 지펴졌기에
하등 쓸모없는 끝이기에
전혀 슬퍼할 수 없는 버림이기에

외로울 수밖에

오만한 젊음에서 태어나
압박과 해소라는
격정의 뜨거움 아래
손댈 수 없는 화려함으로 타오른 결과치곤

너무나 퀴퀴한 종말

추락하는 불투명의 승화
눈치의 공간에 내 팽개쳐지면

서둘러 따르는 고부라진 위로 뒤
쌓여진
땀 한 방울 젖지 않은 비틀린 사연들

꽁초

소화기 消火器

피지 말아야 할 꽃을
원망하는
먼지 쌓인 기다림

빈번한 발걸음 옆 말없는 한 구석

빨간 코끼리
긴 검정 코 늘어뜨리고
무뚝뚝 서 있는 고집

딱히 바쁘게 일하지도 않지만
그렇다고 무시당하지도 않는
항시 거기 그렇게 있으려니 하는 믿음의 척후병

마냥 향기로운 장미가 아니기에
향기롭고 서늘한 때를 건너
찌는 더위 매서운 추위의 계절
손 한 번 잡아주지 않고

눈길 한 번 주지 않는 무시에도
섭해하지 않고

밤낮으로 서는 보초에 짜증 낼 법도 하건만
태연히
아무리 그래 봐라 나 없이 견딜 수 있나
배짱을 퉁기는

보기 드물게 뒷배 좋은
빨간 베짱이

쇠갈퀴

한 섬 쌀가마를 공기 돌리듯
어우르는 날카롭고 외로운 손
그 오그라진 삐죽함 있어
엎치고 떠메고 패대기친다

죽竹의 절개節槪 지키지 못해
굽었을망정
서러움을 대신하였기에
의수義手가 되곤 하였다

푸른 솔의 청렴淸廉 닮지 못해
비록 녹은 슬었을지라도
억센 팔뚝의 뻣뻣한 의리는 잃지 않았다

부드러움만으론
도저히 쌓을 수 없는 산더미
견딜 수 없는 무게를
지어 나를 수 있었기에

다섯 손가락 모두 매어 달린다

고랑진 이마 흐르는 땀방울
무뚝뚝 끈 없는 번지bungee를 하고
닳아 헤진 저 빨간 목장갑
친구라며 구멍 난 미소 짓는다

종이컵

오늘은
다시없는 일회용
내일을 알 수 없는 하루살이

그리 못 견디게는
휘몰아치지 않는 세파에
미련 없이
아싸리 버려지는
깔끔한 마침

가끔은
찢겨지기도 하는
처절의 선택도 있지만

지지부진한 인연에
애태우지 않아도
좋을 만큼의
충분한 흔적으로

단색 일회용에 담겨진
구겨진 추상

주민 번호

두 서너 글자 아래
빳빳이 날리는 일곱 숫자 꼬리 연

바람 따라 날린 땐
어디로 어떻게 날릴지 누구도 모르더니
어느 웃음꽃 피던 날
쉬 변하지 않는 바위가 되었다

우연과 필연이 만나 생긴
때와 곳
사이
일, 삼 아니면 이, 사 그리고 오, 육의 뒤로
은밀히 예정되던 공간마저
구속하고 한정하는 너

비록
나의 원인이었지만
나보다 먼저 나를 나답게 하더니

기쁘거나 슬플 때 항시
떠나지 않고 같이하면서

이제는
나보다 더 나를 알고
나보다 더 나다운
열셋
찰나의 숫자

가위

접힘을 가르는 칼과는 달리
바르고 곧음마저 자를 수 있어

홀로는 소리할 수 없는
손바닥 마냥
외짝으론 힘쓰기 어려운
날선 정직

저는
서로 만나 하나 되면서
삽시간에
다른 이별을 만들어버리는
억울한 숙명

가까운 사이론 걷기 어려워
거리 져야만
제 일 다하는 꽃신 한 짝의
흠모를 뒤로하고

헤어져야만 만나기에
만나야만 가를 수 있기에
가르고 나누어져야만 이룰 수 있기에
이별에 눈 감는다

죄 없는 밥솥

"밥솥 뚜껑 살짝! 뚜껑이 고장 났어요"

억울하오. 난 그저 잠자코 있었을 뿐

허기져 거친 손길들의
서투른 애무에도
난 그저 잠자코 있었을 뿐

그 뜨겁던 여름날
누구보다 더 땀 뻘뻘 흘리며
하루를 덥히고 먹이었을 뿐

눈보라 휘날리어
창밖 쩍쩍 갈라지는
추위에도 뜨겁게 여러 사람을 데웠을 뿐

군소리 없이
난 그저 잠자코 있었을 뿐

푸르른 하루가 무너지듯
어긋난 밥솥 덜컹이던 날
때 끼고 주름진 손에 붙들린
식판 위의 고봉이 무너질 때에도

내 탓이 아니라오
난 그저 잠자코 있었을 뿐

타이어

터질 듯 팽팽한 시작

새로운 아침
경쾌한 탄력의 울림으로
한 집안 새로운 머슴이 생기었음을 알린다

별다른 기억 없이
백일잔치 돌잔치 하물며
해마다 돌아오는 생일의 기억도 없이
한 가정의 종으로
오직 희생과 봉사라는 기치 아래
네 팔자가 그러하니
충성을 다하고 희생하라

가족의 기쁨과 즐거움을 위해
물불 가리지 않고
거친 들과 숲
돌길 흙길 선택의 여지가 없다

탄력의 얼굴
하루하루 닳고 닳아
밋밋해져 늙수그레 중년이 되고
퇴물이 되면

벽도 담도 없는 한켠
표정 없는 동료들과 함께
쌓이고 쌓여
만드는 속 빈 공동空洞묘지

대형 선풍기

공기를 가르는 사뭇 위협적인 칼날
그래도 쇠창살 안

귀엽고 앙증맞은 날라리 춤이나
폼 잡고 도는 플라스틱의
서늘한 선택으론
떼로 몰려드는 더위의
끈적이는 여름을 감당하기 어려워

짝짜꿍 없는 도리도리
체통 없이 낯 한번 붉히지 않고
왔다리 갔다리

열에 아홉은
수년 먼지 쌓인 날개와
인사 후에야
맛볼 수 있는 광풍의 서늘함

칼날보다 더 날카로운 쇳소리에
휘청휘청
바로 서기 힘든 센 바람에
흐르던 땀방울 쫄딱

오싹한 서늘함
등덜미를 흐른다

눈옷 雪衣

헐벗은 겨울나무
가여워
밤새
하늘이 선물한 뽀송한 솜옷

밝은 빛
부끄러워
어두운 밤 숨어
몰래몰래 나리다

휘영청 가지에
질투 심한 달빛 무거워
오호라
두터운 솜옷에
뒤뚱일세라

넘어짐도 없이
덕분에 뚝

부러진 가지 팔뚝
석고 고정도 없이
밤을 지샌다

톱날

방금까지 우람하던 하나가
일말의 미련도 없이
댕강
두 동강이 되어버린다

어젯밤
잠들 때만 하여도
같은 꿈을 꾸고
같이 숨을 쉬던 한 몸

날이 밝아
주위가 좀 소란할 때 까지도
전혀 상상하지 못하던 참혹

이별의 눈물 뚝뚝 날리며

그저 신이 난 날카로운 굉음에
참수형

망나니의 칼춤에 뿜어대는 톱밥

무정함을 자랑이라도 하듯
거목巨木의 오만을 잘라
초라함을 만든다

* 말없이 미련 없이 깔끔히
  먼저 가버린
  동생 "한○○"의 영전에

고추 꼭대기

너를 떼 낸들
더 맵기야 하련만

사정없는 꺾기에
훌러덩 우산이 되어
버려지는 앙심 더해

한여름
푸르름 익어
보기에도 맵던 얼얼

키우자고
뙤약볕 고문마저
잠을 설치고

빨갛게 익은 미련
부둥켜안고 마르기를
몇 며칠

사정없는
떼기 결별에
덩그러한 눈물만
뚬벅뚬벅

병瓶

막힘 있어 관管이 아니요
목이 기니 통桶도 아니라
주둥이 있어 따른다
이런
뚜껑 있어 막을 수도 있구나

홍시 紅枾

물컹
빠지기 쉬운
두두룩 고랑이자
닿기 어려운 담홍의 뉴튼

늙수그레한
가지에
달린 것 치곤

달달한 혀끝은
연륜이기에
저 멀리 달려
경계가 되었다

오호라 비틀려서야
딸 수 있구나

사위질빵 꽃

전은남 시집

발행일 2025년 6월 30일 초판 1쇄

지은이 전은남
펴낸이 정연순
펴낸곳 나무향
주소 서울 광진구 자양로 28길 34, 드림스페이스 501호
전화 02-457-2815, 010-2337-2815
메일 namuhyang2815@hanmail.net
저작권자 ⓒ2025 전은남
출판등록 제2017-000052호

가격 10,000원
ISBN 979-11-89052-94-2 03810

• 잘못 인쇄된 책은 바꾸어 드립니다
• 이 책은 저작권법에 따라 보호를 받는 저작물이므로 무단 전재와 복제를 금합니다